JN439111

아 부 지

아부지

路談

조계종
출판사

서 문

사진 한 장 들여다보면서,
어려서 출가한 후
함께한 추억이 없어
흘릴 눈물도 없다고
혼잣말로 중얼거리지만
젖은 눈동자에
가슴이 시리고 아프다.

아버지 영전에 이 책을 바칩니다.

아들 로담 합장

추천사

로담 스님의 시편들은 정토를 꿈꾼다. 우리 모두가 공업共業의 중생임을 일깨우고, 우리 마음이 끊임없이 일으키는 천만 가지 의심과 분별과 집착을 불 끄듯 꺼뜨린다. 그리하여 우리 마음이 시원한 한 줄기 바람처럼 맑고 자유롭기를 희망한다. 로담 스님은 혼탁한 세속을 향해 어느 때에는 매우 엄한 사자후를 토하고, 또 어느 때에는 우리 모두에게 불성이 완비되어 있음을 "우리 모두는 알고 있"지 않느냐고 양명한 햇살처럼 부드럽게 가르친다. 시詩의 언어로 이르시는 무진법문無盡法門이 여기에 창해滄海처럼 펼쳐져 있다.

– 문태준 시인

차 례

2부

3부

4부

1부

흔적

시린 하늘에 수많은 별과
달 사이로 구름이 지나가면
바람은 강물이 되고
놀다 지친 눈은 얼음이 된다.

아침 일찍
새 한 마리 날아와
널빤지를 두드리는데
게으른 늙은이가 문을 열면
홀연히 또 날아간다.

무엇을 먹었는지
어디에서 잠을 자는지
해가 서산에 지면
자기들끼리의 지저귐 끝에
벗은 발로 가는 걸음
걸망 하나 없다.

또 다시 눈은 내려
나뭇가지도 숨었고

무엇을 찾았는지
찾은 것은 무엇인지
눈 위에 새 발자국만 남았다.

일주문

문을 내고
자존심만큼 문턱을 높이고
열고 닫기 자유로우라고
문을 달았다
문을 달았으니
좋고 싫음이 분명해졌다.

봄이 꽃으로 피고
향기로 이야기 하던 그 날도
절에는 일주문이 있었다
문을 열려고 보니
분별이 없단다.

시계

그는
일초를 걷기 위해
반초의 뒷걸음을 친다.

봄

그 땅
그렇게 함부로 밟지 마라
어린 싹 다치면
봄은 아프다.

다정한 걸음

단풍은
나뭇가지 끝에서
산을 내려오고

물은
개울 옆길을 지나
산 봉우리를 따라 하늘로 오른다.

비는
그렇게 바람과 손잡고
호수 위를 걷는다.

바람과 꽃과 나비

바람이
난 꽃 사이로 분다
향기가 벗되어
나비를 데리고 간다.

핑계

여법하게
빌어먹으려고
부처님 제자가 되었는데
그마저도 올곧지 못해
벌어먹는다.

그러면서 바쁘다고 한다.

상추 한 쌈

봄에 뿌린 상추밭이
한눈을 팔고 나니
잡풀우거진 숲이 되었다.

지렁이
상추밭에 풀을 맨다.
갈퀴꼭두서니
강아지풀
개망초
개여뀌
쇠뜨기
여뀌
독새풀
이름 모를 잡초까지

나비 애벌레
굼벵이
여치
무당벌레
싸네기를 집어내고
산 개구리 자기 영역 침범했다고 달려들면

한주먹 뜯은 풀로 귀싸대기 몇 방 날리며
게으른 걸음으로 밭을 나선다.

그렇게 마음 밭에 잡념을 매고 나면
햇살이 비추고 시원한 바람에
상추 한 쌈 씹히는 맛이 난다.

부질없는 일이라도 닮고 싶어서
- 무소유 그늘 아래

부질없는 일이라며 버리라는 말로
수행자의 모습이 아니라던 그때로부터
일기 쓰는 일도
고운 편지 한 장 쓰는 일도
땅에 일획을 긋는 일도
시간이 기다리는 지루함도
무소유라는 글이 나온 한참 뒤에도

그렇게 아무렇지도 않은 듯
휘적휘적 걸어가는 모습은
후학들의 희망이자 용기였기에
바람 지나는 길목에서
소리 질러 이야기하고
떨어지는 낙숫물에 숨긴 몇 글자
스님을 닮지 못해 먼발치에서 머뭇거리면
로담 시인 왔느냐며 숨 쉬는 말씀하나
얼마나 그리워해야 잊혀지고
얼마나 미워해야 눈물이 마를까
속모를 눈물 자국에서 미운 이야기가 되고
찢어버린 휴지조각에서 그리움이 되살아나
아린 가슴은 망부석 그늘에 가려지고

모다 그럴 것이라던 평범한 말이 앞장선다.

무소유
무소유라던 말이 업이 되어
그 업을 녹이지 못하고 무소유 그늘 아래
그리움이라는 미움 하나로

말 한마디에 감사함을 전하려고

– 세월호 사실 규명 촉구를 위하여

바다는 저렇게 일렁이며 살아 있는데
바다는 짙푸른 하늘을 그렇게 희망하는데
바다는 이렇게 숨 쉬고 있는데.

우리에게는 그리움뿐인가요
우리에게는 애절함뿐인가요
우리에게는 절망뿐인가요.

함께할 수 있게 해주세요
어루만질 수 있게 해주세요
사랑할 수 있게 해주세요.

별업別業인가요
공업共業 아니던가요
우리 함께 사는 세상인데.

당신의 힘으로는 그렇게 아주 어려운 일도 아닐 텐데
모두의 희망 하나 건져 올리자는데
어쩌자고 애써 모른 체 하십니까.

우리는 지혜의 문수보살을 부르고
우리는 자비의 관음세음보살을 부릅니다
그것이 당신이었으면 좋겠습니다.

기적의 희망은 없는 것입니까

아이들은 힘없이 꺾이고
부모들은 하염없이 맥을 놓습니다
미안하다 잘못했다는 말은 가슴으로 삼킨 채
고운 모습으로 돌아올 것이라는 희망을
저 하늘 세상에 기대입니다.

또 다시
떨어진 꽃잎은
비바람에 천리 만방으로 흩어져
기다림은 노란리본이 되어 묶인 끈을 날리며
먹먹한 하늘 구름이 됩니다.

어찌합니까?
차가운 바다 어둠속에 누워있을 저 아이들을
온 국민의 애절한 기도로도 이루지 못하는
생환의 기적은 결코 없는 것입니까
그런 것입니까?

대한민국은 많이 아픕니다
침묵의 언어로도 향기롭지 않은

통곡의 검푸른 파도소리가
잘하라던 손짓은 미안함으로 남고
따뜻한 격려 한마디 못한 무지랭이가 됩니다.

초점 잃은 시선을 바라볼 수 있게 하시고
놓았던 손 마주잡게 하소서
몹시도 보고 싶어서
흐르는 눈물로 편지를 씁니다
많은 이야기를 할 것 같은데
사랑한다는 말이 전부입니다.

독한 술

이러니저러니
잡설과 만담으로 가득해
값을 치를 수 없었다.

술이라고 편했을까
동냥 술에 취해버린
술 취한 궤변이라 할지라도
씹을 안주도 부질없는 세상사였다.

그렇게 만취한 세상을 향해
업 짓는 일이라며
더는 할 이야기도 없다더니
한 편의 시에 깨어버렸다.

독한 시
청정수월도량이 분명하다.

눈은 초등학교 바른생활 선생님

새하얀 눈이 옵니다
초등학교 바른생활 선생님처럼
다른 이야기는 하지 않고
착하거라 꿈을 가져라
이웃을 믿어라 하며
하얗게 가르치십니다.

법당 안에서 수미산을 본다

서울 종로구 견지동
조계사 법당 안에서
수미산을 본다.

질 좋은 토양과 암반
크고 작은 육송과 홍송
삼백년 아름드리 노송이 있는
온갖 꽃이 피어 날리고
갖은 새들 중 흰 두루미 공작 앵무 사리새
가릉빈가 공명조*가 한가롭고
다람쥐와 노루 토끼가 숨고 찾고
호랑이는 산신이 되었다.

산에 든 사람들은
염불을 하고 간경을 하며
좌선을 한 채 선정에 든다.

산은 법당 안에서
그들의 죄업과 참회를
기쁨으로 돌려주었다.

*흰 두루미, 공작, 앵무, 사리새, 가릉빈가, 공명조는 극락세계에 있는 새라 한다.

시월에 피는 황국

매화 복사꽃 라일락 장미 배롱
국화꽃 피고지면 한 해가 지난다.

옛 선사들은
그 가운데 황국이 최고라 했다.

그해 시월에도 그럴 줄 알고
국화는 시월에 피는 것이라 했는데
부처님 눈물로 날 철들게 했다.

나이 오십이 넘으면
같은 추억만으로 황홀해야 하는 오늘
군화 화분에 황국을 심어 향기롭고자 한다.

편지 한 통

1,
지혜는 자비의 꽃
지혜는 자비의 꽃
지혜는 자비의 꽃
그 때를 알 수 없지만 산골 깊은 가난한 집에
아기 돼지 찾아들어 이런저런 추억 속에
사랑이 우담바라 꽃 되어 산골마을 행복해졌네.

2,
지혜는 자비의 꽃
지혜는 자비의 꽃
지혜는 자비의 꽃
그 좋은 어느 무량한 날에 편지 한통 받았는데
진토에 머문 지 오래 업이 되기 전에
피안으로 돌아 오라는 편지를 보낸 이는 문수였고
받은 이는 보현이었네.

증오 방지법

2013년 2월
서울 종로 크리스피크림도넛 가게에
비구니 스님이 빵 사러 들어가니
재수 없다고 밀치어낸다.

이씨조선
한사코 배불척불에 팔 천민으로 밀치며
도성출입을 막던 그 때의
왜곡된 역사에 매몰된 지식인가

일련종
사노젠레이佐野前勵의 잔재주로
도성출입이 허락됨을 울부짖으며
홀로서기를 독려하는 그리움은 더더욱 아니기에

까닭 없는 미움이
고독한 외침으로도 노래할 수 없고
막연한 그리움으로 사랑할 수 없어
눈물로 말없는 아침을 토한다.

홀로 서지 못한 민족의 아픔으로

염주

염주 한 알
염주 두 알
생각 생각이 백팔 번
그 생각이 부처님을 이룬다.

나 천상에 살고 있다

어제는
화성 목성 토성 천왕성 해왕성을 지나
십만억 국토를 더 지나야
극락세계 있는 줄 알았다.

돌아보는 지금
토성 금성 화성의 하늘나라로 불리는
그대로의 하늘에 푸른 별인 지구
나는 천상에 살고 있다.

다들 그렇게 서 있는 거지 뭐

힘들면 괴롭다 하고
기쁘면 웃고
병들면 아프다 하고
슬프면 울고
그리우면 보고 싶다 하고
가슴 뛰면 사랑한다 하고
충만하면 행복하다는 말로

그렇게 제 자리에 서 있는 거지 뭐

태화산 솔길

형형색색 무진 꽃길
그 향기 아름답고 곱다하나
제 몸으로 자아내는
태화산 솔길 향내만 하리

가을소리

가을 벽에 귀를 대면
잔디 씨앗 터지는 소리
상수리 바위 부딪치는 소리
알밤 터지는 소리
잣송이 굴러가는 소리
다람쥐 도토리 껍질 벗기는 소리
솔잎 떨어지는 소리
낙엽 구르는 소리
대숲에 바람 스치는 소리
아침 햇살에 은행잎 지는 소리
개울물 소리
물속 자갈 구르는 소리
새 울음소리
가을이 펼치는 오케스트라

백합

유월 장맛비에
백의白衣는 흙탕이 되어
꺾인 허리로
향기도 잃고
서 있음도 망각으로 잊었다.*

어머니는
꺾인 허리에 부목을 하고
샘처럼 마르지 않는 그리움으로
더 많이 베풀지 못한 아픔으로
울고 계신다.

이해하지 못할 것 없는 어머니 눈물에
너도 울고
나도 울고
백합꽃 향기는
유월 장맛비가 되었다.

*망각으로 잊었다.: 잊음도 잊었다.

정토로 가는 길

아~ 나 누구와 더불어 사랑하고
사랑하는 이 있어 어디서 살까

그리움으로 그린 사십팔원
우담발화 꽃피고 진주빛 물결로 팔십종호 그리며
우憂 비悲 고苦 뇌惱 없는 아름다운 정토에서
무상보리 얻어 아미타불과 함께하리라.

2부

공산空山에 만화萬花* 한 까닭

이심전심으로 논리를 죽이고
무애자재로 계율을 죽이고
격외도리로 의례를 죽였다.

하여
부처를 죽이고
조사를 죽이는 일로
가풍家風이 되었다.

회마會麽**!

*만화萬花: 온갖 꽃 피었다.

**회마會麽: 알겠는가?

유월의 어느 육일

– 현충일

사랑으로 살고 가신 당신을 영웅으로 존경하고
마음에 새기고 오늘을 살아가니 감사하고
그렇게 선배를 알아 살아주니 고맙구나.

길

하얀 눈 위에 아버지가 뒷짐을 지고 앞서니
아이도 발자국을 따라 포갠다.

살아온 일이
살아가는 일이
발자취를 따르는 일 아니겠나
어느 선배의 발자취에 보폭을 포개며
한 발자국 더 내딛느라 바쁘다.

그런가

새 한 마리
초가지붕 썩은 지푸라기 위에 핀
버섯을 보고
스스로의 칼날 위에 살지 말고
바람 따라 흔들리는 버들이면 좋지 않느냐

누구에게나 날개가 있어
먹이를 찾아 날개를 접으면
입을 닫아야 하고
영혼이 자유롭지 못한다 하니

그런가?

박연폭포

– 숭유억불崇儒抑佛

소설 황진이는
황진이의 생몰연대를 알 수 없다
지족선사의 생몰연대는
불교사전에도 나오지 않는다
화담 서경덕만 1489~1546으로 되어있다.

화담 서경덕은 토정 이지함의 스승이다
일기장존설一氣長存說로
적멸위락寂滅爲樂을 배격하며
김안국이 후릉참봉의 벼슬을 권했으나 마다했다
후일 선조 8년(1575) 우의정에 추증되었다.

소설 황진이는
유몽인이 지었다
유몽인은 1559~1623년 사람으로 호는 어우당於于堂이다
유몽인은 화담 서경덕이 죽은 지 13년 뒤에 태어났다
유몽인은 황진이나 지족선사를 만난 적이 없다.

광해군 시절 북인에게 배척되어
운둔하고 살면서 대제학은 아니한다며

어우야담을 지었다
황진이보다 화담 서경덕을 만났다면
그가 팔도어사로 송도를 지나다 들은 이야기일 것이다.

본시 송도삼절은
오산 차천로五山 車天輅:1556~1615의 한시漢詩
석봉 한호石峯 韓濩:1543~1605의 서예書藝
간이 최립簡易 崔岦:1539~1612의 문장文章이었으나
유몽인이 황진이 박연폭포 서경덕으로 바꿔놨다.

행동하는 까닭은
꿈을 이루고자 함이 있음에 있다

예불을 하는 까닭은
공경공양하고 스스로의 무명업식을 조복 받고자 함이요.

참회하는 까닭은
죄장을 소멸하고 공덕을 증장하고자 함이요.

보시하는 까닭은
베풀고 나눔으로 복을 구족하고자 함이요.

기도하는 까닭은
원력을 심고 꿈을 이루고자 함이다.

그러기에
행동하는 까닭은
꿈을 이루고자 함에 있다.

아니라니까

도道를 말함에
노자는 무위無爲라 하고
장자는 행성行成이라 했다.

노자의 무위는
어떠한 형태로 닮거나 만들어지는
정해진 바가 없다는 이야기이다.

장자의 행성은
진실되고 참됨은
실행하는 만큼 이루어진다는 이야기이다.

정답이 없는
도道 앞에서
앞서간 사람들의 발자국을 밟는다.

만들어진 모양이 없고
특정한 장소도 없다는 것을
우리 모두는 알고 있다.

이유는 없다

나무는 바람에 흔들리고
사람은 외로움에 흔들린다
흔들림은 살아있는 한 모습이다.

부는 바람이
태풍이나 폭풍이어서가 아니라
거목은 고요 속에 제 몸을 흔들며 뿌리를 내린다.

괴로움에 힘들고 치쳐서
외로움이 오는 것이 아니라
사랑함이 외로움을 만든다.

곱디고운 꽃에서
맑고 맑게 흐르는 물에서
어디에서나 흔들림은 있다.

아파하고 눈물 흘리는 일이
죽은 이가 간절히 느끼고 싶은 모습이란 것을
우리 모두는 알고 있다.

그랬더니

한문에
몸 기己와
다를 타他 자가 있다.

몸 기己 자는
남에 대한 저로
자기 본위를 말한다.

다를 타他 자는
딴으로 남을 이야기 하지만
다르다는 표현으로 쓰인다.

장자는
저와 남이 다르다는 표현으로
스스로의 생각으로 다른 이를 사랑하지 말라 했다.

자신이 배부르다고
남이 배부르지 않다는 것을
우리 모두는 알고 있다.

그래서

추위에 얼었던 얼음이
봄 햇빛에 녹았다
흔적도 없다.

억겁에 쌓인 죄업이
부처님 전 참회로 녹았다
자취가 없다.

추위에 언 것은 물이나
빛의 따사로움이 녹인 것이다
만물에 스미는 것이 물이라 제자리로 돌아간 것이다.

억겁에 쌓인 죄업은 자기의 행동이나
잘못된 행동임을 알 때 제자리로 돌아간다
제자리는 본래 스스로인지라 달리 말할 것이 없다.

마음으로
해야 할 일과
하지 말아야 할 행동을
우리 모두는 알고 있다.

또 뭐

철은 광석을 녹여 만든 것이다
철을 몇천 번을 두들겨야 강철이 된다
두들기는 만큼 불속에 들어갔다 나온다.

인간의 몸은 업신이다
업은 먼 과거 이전 삶의 연장으로
생각한 것을 몇만 번을 반복해 행해야만 자기 행동이 된다.

철을 몇 번이고 불에 달구어 두드리는 것은
오직 제 몸을 찾기 위함이다
맑고 깨끗해 가슴 시리도록 빛나는 모습이다.

몸은 물질로 부딪침이 있어
한계가 없는 생각의 깊이만큼
자유롭지 못해 고통을 감내하지 못한다.

말과 행동이 같아야
대자유인이라는 것을
우리 모두는 알고 있다.

왜

초콜릿의 색깔은 주로
밤색이기도 하고 하얀색이기도 하다
색깔에 상관없이 달콤하다.

거짓은
진실 같기도 하고 그런 것 같기도 한다
당하면 괴롭다.

삶은 제 모습들이 있다
닮으려고 하다가도 제 모습으로 돌아오고
제 모습이었다가도 도리어 모를 때가 많다.

초콜릿이 달콤하듯
거짓도 짜릿하다.

삶이 달콤하지 않다는 것을
진실이 짜릿하지 않다는 것을
우리 모두는 알고 있다.

어쩌라고

육신이 죄를 지으면 감옥에 가고
영혼이 죄업을 쌓으면
육신을 받는다.

영혼이 쌓은 죄업으로 육신을 받을 때는
아귀 몸도 받고 축생 몸도 받고
인간의 몸도 받는다
죄업의 차이로 고통이 다르다.

그도 인간이기에 지은 죄
참회할 기회를 주고자 감옥으로 보내지만
축생이나 아귀의 몸은 그러하지도 못한다
감옥도 지은 죄로 모아두는 방이 다르지만….

감옥으로 가는 것을 면하고
지옥으로 떨어지는 길을 면하는 일이
무엇인지 모두가 다 안다.

헉

살찐 육신과
가난한 정신이
안정되지 못하면
괜스런 불안과 공포로 괴리가 생겨
헉한다.

어느 날
뱀의 머리와 꼬리가 분란이 생겼다
그래서 각자 자기 길을 가기로 했다.

머리는 눈 코 입과 귀, 생각으로
나무에 부딪치는 일 없이
구덩이를 지나 강을 건너고 불을 피해
적응하는 듯하지만
힘이 약해 천적을 당할 수가 없었다.

꼬리는 힘만 있어 빠르고 날뛰기는 했으나
나무에 부딪치고 물에 빠지고
땅을 치며 여러 가지로 헤매다
종내는 불에 타고 말았다.

이해와 양해
화해와 화합이
함께할 수 있는 작은 기본임을 안다.

아니야

몇억만 겁을 같은 길에서 헤맸던가?

선업을 쌓고
공덕을 쌓고
복덕을 쌓는 일을.

애욕과 탐심 없이 어찌 산다 하겠는가

애욕이 있어야 사랑할 줄 알고
탐심이 있어야 부자가 되고
집착이 있어야 명예를 얻을 수 있다.

사랑할 줄 알되 질투하지 말고
부자가 되기에 인색하지 않으며
명예를 얻는데 야비하지 말아야….

투기하지 않는 사랑을 자비라 하고
인색하지 않는 탐욕을 보시라 하고
야비하지 않는 명예를 정진이라 한다면

넉넉함이 여유이고
여유로움이 부드러움이고
부드러움이 화합의 언어이다.

애욕과
탐심과
집착 없이 어찌 산다 하겠는가?

밤눈 내리는 마당에

바람이 숨죽인다
곱게 눈이 내려앉는다
소나무 화장한 듯이 향기가 짙푸르다
그 누가 말하지 않아도 그대로가 무진법문으로
노루 한 마리 마당에 놀다 간다.

가만히 바라보는 내 마음이 두근거린다.

피는 꽃이 아름다운 까닭은

참으로 꽃이 아름답고 곱다
김대중이 그러했고
괴테가 그러했고
고흐가 그러했다.

정치로 철학으로 명화로 그렸다.
그 아름다움과 고움을
사랑으로
세월의 나이로 드는 노련미로

그 아침이 가면
가지 하나를 잘라내고서는
너마저 아끼고 사랑하지 못한
부족함을 아픔이라고 미안하다고 이해하라고

꽃이 피니 아름다움을 이제야 알겠다.
재력이나 권력이 꽃을 피우는 것이 아니라는 것도
아름다움이
이해하는 자비로움이라는 것을

그곳

밥이 되기도 하고
먹이가 되기도 한
사–바~

구름 위를 걷다가
계절의 비로 눈으로
있는 듯 사라지는 바람

흐르는 강물
저 강 건너 언덕 넘으면

꽃이 되어
온갖 꽃이 되고
또 꽃이 되는 화장세계

대통령 광주 후인 노무현 왕생극락하는 길에

잘 다듬어진 권위를 내려놓고
순하면서도 거친 민중을 안으며
화려한 색채로 옷을 입은 이를 대변하기보다는
가난한 이의 떨어진 옷을 기워주고
차이는 있어도 차별하지 말라며
국민이 대통령이라던 말들이
황촛불 뜨거운 눈물로 흐릅니다.

오래된 생각 하나로
삶과 죽음이 자연의 한 조각 아니겠냐며
그렇게 점 하나 찍어놓고 가는 길에
미안해하지 말라던
당신을 생각하면
나도 모르는 눈물이 하염없고
당신은
가릉빈가 되어 자유로이 날아갑니다.

만남은 가꿈으로 아름답다

만남을 우리는 인연이라 한다
그 인연은 어제에서 전생 천 년
억만 년 수십억 겁 전일 수도 있다
만남은 사람과 사람으로만이 아니라 스쳐 지나는
바람으로 동식물, 흐르는 물로도 만날 수 있다
만남을 잘 가꾸면 이웃이 되고 친구가 되고 연인이 되고 부부가 된다
나무가 물을 만나 뿌리를 내리고 수분을 섭취하면
제 키를 훌쩍 뛰어넘게 자라기도 하고 고운 꽃을 피우기도 한다
꽃이 벌을 만나면 벌은 꿀을 따고 꽃은 씨앗을 맺고,
처마 끝에 풍경이 바람을 만나면
고요한 산사에 깊이를 더하는 천상의 소리를 내려주기도 한다.

가꿈은 아름다움이다
우리는 나무를 가꾸거나 꽃밭을 일구어
가지가지 꽃을 피우게 한다
나무나 꽃을 가꿀 때에는 그 나무나 꽃의 성질을
잘 파악해 원하는 것을 알아서
온도를 맞추고 습도를 조절해
영양분을 잘 흡수할 수 있도록 해야 한다
가꿈은 스스로의 멋이 아니라
대상의 맞춤이다.

애완동물을 키울 때에도 같다
가꿈으로 대화를 하고
그것의 본질을 알고 하지 말아야 할 것과
해야 할 적당한 선을 지킬 줄 알고 행동할 때
그는 내가 되고 나는 그가 된다
강원도 양양 명주사에는 오복이라는 작은 개가
어린 다람쥐를 젖을 먹여 키웠다
오복이가 키운 다람쥐는 오복이를
어머니인 것처럼 등을 타고 넘기도 하고
어디를 갈 때는 따르기도 한다
오복이는 다람쥐를 자식인양 함께 놀아주며
어디 갔다 돌아오지 않으면 목을 빼고 기다린다
먹이 사슬을 뛰어 넘는 가꿈의 환희장마니이다.

부처님은 선인善因 선과善果라 했다
좋은 인이 좋은 연을 만나야 좋은 결과를 낳는다는 말이다
만남의 인이 과거 억겁으로부터 시작되었다면
가꿈은 만남 그때로부터 좋은 연이 되어야 한다
그래야 좋은 결과를 이룰 수 있다
가꿈은 믿음이며 아름다움이며 희망이며
행복 바이러스야 한다.

무혹

피는 꽃이 고와
고개를 들이밀다
향기에 취했다.

취몽 중에
죽비로 경책하는 지신地神
향기 도둑놈이라고
도둑 잡아라! 한다.

3부

새가 숲으로 드니 바람이 잠든다

해바라기는 태양신에게 귀의하고
달맞이꽃은 달님에게 귀의하고
자귀나무는 스스로에게 귀의한다.

나무는 서서 비를 맞고
작은 꽃은 얼굴로 비를 맞고
비둘기는 온몸으로 맞는다.

대나무는 바람으로 울고
벌은 날개로 울고
선비는 지조로 운다.

제 가슴을 치는 고릴라
그리움으로 응어리진 바위
새가 숲으로 드니 바람이 잠든다.

풀 먹인 모시적삼

하얀 모시적삼 풀 먹여
햇빛 바라기를 하니
나비 한 마리 날아와 앉는다.

꽃이 아니라고
꽃이 아니라고
내가 소리쳐 말려도 듣지 않는다.

멍한 하늘만 나를 보고
나비라 한다.

그 세월 천 년 더 너머로

자비가 무엇인지 알지 못하면서 제 멋대로 생각했습니다
지혜로움도 없으면서 제 앎대로 말했습니다
수행이 부족하면서도 제 고집대로 행했습니다
마음은 모르는 채 제 식대로 마음먹었습니다.
그러면서

업 하나 고치지 못하고 힘들다고만 했습니다
혼자라는 독선에 함께하지 못했습니다
외로움에 그리워하면서도 솔직하지 못했습니다
찾아보고 싶었지만 까닭이 아니라 했습니다
아프다는 한없는 핑계만 댔습니다.

기본적으로 익힌 계율의 행동으로
대안 없는 반복된 참회로 습관만 키웠고
발원하는 것이 무엇인 줄을 알아 가득 담아두기에는
치우치는 그릇이 너무나 깊고 넓지 못했기에
관습과 관행으로 제 모습을 지키는 것이 다인 줄 여겼습니다.

시간에 멈춘 것이지요
아니 그 시각에서 깨어나지 못한 것이지요
깨려고 합니다

깨어나려고 합니다
한 모습 바꾸려고 합니다.

대승이란 큰 뜻이 있듯이
중생이 부처를 이루듯
울과 담을 허물고 문을 열어젖히고
그 세월 천 년 더 너머로
또 다른 우리이고자 합니다.

불기 2557년 부처님 오신 날에

보았느냐
도솔천 내원궁에서 호명보살로
사바세계에 내오시는 모습을

보았느냐
가비라국 정반왕의 태자로
룸비니 동산에서 태어나신 모습을

보았느냐
동서남북 사유사방
생로병사 고통 속에 잠겨있는 사바임을

보았느냐
명예도 권력도 부자도 아닌
오직 수행만이 건너가는 길이 있음을

보고 있느냐
지혜롭고 자비롭고 편안하여 번거롭지 않아
갈등과 번민이 사라진 중생의 복전인 부처님의 모습을

보고 있느냐
무명업식이 연꽃 향기로 피어나고
육도윤회의 길이 해탈의 길임을

보느냐
육신의 눈이 아닌
마음의 눈으로 부처님을 보느냐.

오늘 우리 부처님의 제자로

세상이
어둡고 답답해
아프고 힘들어 지치려함에
하늘빛 그림자로 우리의
아뇩다라삼먁삼보리로 부처님을 찾습니다.

지친 몸으로 병들고
죽어가는 두려움이 자리 잡을 즈음
세상은 그런 것이라고
힘없는 발걸음 뒤돌아보지만
알 수 없는 여기가 어딘가 합니다.

어디인지를 모르는 우리들이지만
캄캄한 밤이면 작은 등불을 켜고
폭우가 내리면 비닐우산을 쓰고
거친 바람이 불면 동굴 속으로 숨으며
폭설이 쏟아지면 아궁이 불을 지필 줄 압니다.

그런 속에
원력이라는 아주 작은 별에
소원이라는 큰 나무를 심고

발원이라는 거름을 하면서
수행이라는 실천을 하려합니다.

지나가는 구름에도 가는 비가 내리듯
우리 사는 일에 작은 소원 하나 있어
부처님 전에 등불 하나 켜고
그동안의 죄업을 참회하며
늦지 않았는지 다시 한 번 더 다짐을 합니다.

그래도 우리는
부처님 가르침대로
부처님의 제자들로
부처님을 닮으려고
기도하고 참선하고 염불합니다.

신 귀거래사

아~
돈도
명예도
권력도 없는
집으로 가고 싶다.

늦은 오후가 되면….

옹알이

갓 태어난 아이가
젖을 빨다 말고
손가락을 입에 물더니
태어나기 이전의 나는 무엇이며
지금의 나는 누구인가

이 뭐꼬?
옹알
옹알
옹알

아프다, 많이 아프다

– 아 세월호

아프다, 많이 아프다
"잘 자라야 된다 훌륭한 사람이 되어야 한다
정직해야 된다 나라의 기둥이 되어야 한다"
어른들의 잔소리가 헛되고 말았다.

아이로 부모로 만나 함께 했기에
뇌성벽력의 소리로
폭풍 같은 한숨을 몰아쉬며
흐르는 눈물이 소낙비 되어도
볼 수 없고 어루만질 수 없다는 것이
아프다, 많이 아프다.

아프다, 많이 아프다.
지금은 아니라 할 것이지만
못다 한 이야기가 우담바라로 피고
너와 내가 연꽃으로 피는
우리들의 진정한 고향인 그곳에 가 있으렴.
부처님이 너를 반길 것이니
훗날 내가 찾아 갈게

초조사 달마達磨 굴

양나라 무제가 달마에게 시비를 걸었다
내가 얼마나 장한 일을 했느냐고
달마가 주먹을 날리는데
공이라 했다.

한 번 더 확인을 하는데
내 앞에 있는 너는
누구냐?
모른단다.

왕 체면에 말이 막힌다
보내 놓고 나니
역시 허상이 높은 자리라
환장했나보다. 죽여버리란다.

인연 기다리기 팔 년이다
장군 하나가 찾아와
제 팔을 잘라 그 피로 눈 위에
제자 되기를 서원하니 시작은 끝났다.

이조사 혜가慧可

양나라 무제의 자객이 위나라까지 왔지
골골이 깊은 눈 오는 그 높은 곳까지

내가 오르다가 가슴 아파 죽을 뻔 했는데
그 길을 오르다 공한 소식 알고

소식 궁금해 미친 짓 하는 이 또 있을까봐
앞산에 그를 보내고 달마는 떠났다.

신이하고 기이한 우물 넷이 있는데
맛이 처음은 쓰고 뒷맛은 달다.

혜가의 선미禪味로
그렇게 천오백 년이다.

삼조사 승찬僧璨

환공산皖公山에
풍병風病을 앓은 사십대가
혜가 앞에서 참회하기를
참회할 죄업이 없음에 이르러
법을 얻어 승찬僧璨이라 했다.

반야다라의 예언에
"마음속은 길하나 겉은 흉하다"하는
국난이 다할 때쯤
산곡사山谷寺 사미승에게
찬밥덩이를 얻어먹고 웃음 짓고 있다가
무뢰배를 항복받고 주지가 되었다.

146구
584자도 길다
신심명信心銘 석 자이면 된다.

사조사 도신道信

아무도 속박한 이가 없다는 것을 깨달은 도신
백성들에게 마하반야를 외워 도적을 물리치게 한 도신
가사 한 벌 덮을 땅으로 대가람을 지은 도신
수일불이守一不二의 염불로 일행삼매에 들게 하는 도신
초목집성草木集成이란 약학서를 완성한 도신
당태종이 네 번이나 입궐을 청했으나 응하지 않은 도신
육십 년을 장좌불와長坐不臥한 도신
모다 입도안심요방편법문에 들게 하는 것이라네.

오조사 홍인弘忍

파두산에 틈만 나면 소나무를 심는 노승을
재송도자栽松道者라 불렀다
하루는 도신을 찾아와 법을 구하니
몸을 바꿔오라 했다
멀쩡한 처녀 몸에 들어가
다시 태어나니 성이 없어
무성아無姓兒라 놀렸다
그의 어머니가 너의 성은
불성佛性이다 하니
도신에게도 그렇게 말했다
홍인은
신수에게 능가경楞伽經을 전하고
혜능에게 금강경金剛經을 전했다
모두를 육조라 한다.

용기 하나

아이가 태어나는 것도
봄 새싹이 돋아나는 것도
정을 주는 것도
마음의 이야기를 할 수 있는 것도
사랑한다고 말할 수 있는 것도
작은 용기가 아니면 할 수 없는 일이다.

애벌레가 나뭇잎을 갉아 먹을 수 있는 것도
작은 참새가 나뭇가지 사이를 날 수 있는 것도
까치가 까마귀에게 대들 수 있는 것도
쥐덫에 갇힌 쥐가 소리 지를 수 있는 것도
뱀이 고양이 앞에 고개를 쳐들 수 있는 것도
큰 용기로만이 되는 일이 아니다.

어쩔 땐
계곡에서 소리를 한번 크게 질러보는 것도
길에서 코 푼 휴지 한 장 줍는 일도
남이 키워놓은 꽃밭에서 사진 한 장 찍는 것도
아픈 다리를 달래려고 나뭇가지를 꺾는 일도
지나치는 어린 아이에게 인사를 받는 공경도
크나큰 용기가 필요한 것인지 모를 일이다.

더 큰 용기는 없었을 것이다
어린아이가 일어서서 걷기를 용기 낸 일보다도
스스로의 보폭을 모르는 채

숭례문에 사십구재 지내던 날

인仁 의義 예禮 지智

그 한 해 여름
숭례崇禮를 나라의 보배 일호로
존엄함의 가치를 논하며
여론으로 불태웠다. 타버린 후

아무렇지도 않을 것이라며
담을 넘고 계단을 오르며
토지 보상 한풀이 춤을
채씨 영감은 시너에 쌈지불로 추었다.

타는 불꽃에
태워지는 민족의 속심
어쩔 수 없이 숨넘어가는
600년 세월, 그리도 사랑함이 깊어

오롯한 사리 하나
성스러운 행위가 있으니
그 이전에 있었던 존엄
숭례, 있는 그대로의 사십구재를 지낸다.

내 고향은

내 고향은
황금빛 대지 위에 벽옥 궁전
칠보장엄을 한 청황적백 연꽃이
가릉빈가 울음을 서로의 법음으로
그렇게 안락하고 그렇게 편안한
나무아미타불 정토라네

부처님은 알고 계시네

부처님은 모두 알고 계시네.
우리가 무엇을 하고 있는지
이와 같이 바라보시고
이와 같이 믿으시며
이와 같이 알게 하시니
아뇩다라삼먁삼보리라 하네

황국黃菊

오솔길 지나
낮은 집 토담 곁에
누이의 얼굴로 핀 황국
곱기는 아니 말하여도
아름답기가 산천을 닮아
푸른 하늘 맑은 향기를 풍긴다.

누이의 얼굴 같은 곱색은
지나는 바람에 감춘 방랑끼일까?
흐르는 물색에 감춘 설렘일까?
흙속에 몰래 감춘 믿음일까?
하늘빛에 감춘 그리움일까?
한가위 달빛에 감춘 기다림일까?

아~
화두가 되는 물색
깨야할 꿈으로 갈애하며
그 가을 산천을 거울에 담아 피었다
된서리에 꺾이는 황국
그리움 하나 두었는가

4부

점 하나에 품은 꿈

- (2010년 개인전)

나무 작대기로 모래에 줄을 긋고
부지깽이로 땅바닥에 글씨를 쓰고
못으로 은박지에 그림을 그려도
스스로가 익힌 일이다.

그림을 그리다 귀를 자르고
작곡을 하다 눈이 멀고
참선을 하다 미쳐버려도
스스로가 한 행동이다.

무소유로 선이 가난하고
복이 많아서 색이 부귀하다
타고난 제 모습의 구상도
스스로가 지은 업의 여백이다.

대화가 넉넉하고
생각이 이웃을 품었으니
하고자함이 노래를 부르고 붓끝이 춤을 추나
사랑 없이는 어루만질 수 없다.

익힌 일과 행동으로

지은 업 그대로 행복하다
하는 일이 환희롭다
그러함이 화폭에 우주를 품었다.

A Dream Carried on a Single Dot

Drawing a line on sands with a wooden stick
Writing something on the ground with a poker
Drawing a picture on a silver foil with a nail on
You are the one who has learned if all.

Cutting an ear while drawing a picture
Becoming blind while composing a song
Going mad while practicing the zen meditation
You are the one who had done it all.

Line is poor due to non-possessiveness.
Color is rich for good fortune.
Representational look of your innate appearance.
This is blank space of karma you have commit ted.

Conversation flows.
thoughts embrace neighbors.
though a will of action induces singing and the end of a
brush dances.
You cannot touch them without love.

through jobs and acts that you have learned.
You are happy as karma you have committed
Everything you do is of great joy.
That sense has embraced the universe on a canvas.

그림으로 그리는 시

계절이 꽃을 피우면
꽃은 나비를 품고
나비는 날갯짓으로 춤추며
하늘은 별빛으로 노래한다.

선사는
길 없는 길을 가고
줄 없는 거문고를 타며
구멍 없는 피리를 불지만

지팡이 하나 짚고 길을 나서면
지팡이는 붓이 되고
한 방울 눈물은 색감이 되어
그대로가 그리운 이웃이기에

허공은 태산을 안고
바다가 품은 만 줄기 강으로
시인은 글로 그림을 그리나
화가는 그림으로 시를 쓴다

Drawing a Poem

The season blooms a flower
The flower embraces a butterfly
The butterfly dances with flapping wings
The sky sings with stars

Though the Zen priest is on a way without a road,
And he plays a geomungo* without strings,
Whistles a flute without wholes,

When he goes on a journey
With nothing but a cane,
The cane becomes a brush
His tears become colors
And he draws the neighbors
From the good old days
Back in the real

The air embracing huge mountains
Flows to ten thousand rivers
That are embraced by the sea.
A poet draws a picture with words
But a painter composes a poem with pictures.

*Geomungo : Korean musical instrument with six strings, similar to a harp.

은하수 길러다가

저만큼 어디라고
꿈으로 희망 하나 놓고
달려온 어제
그 하늘

은하수 길어다가
화폭에 흩뿌리니
산이 되고 들이 되고
꽃이 된다.

수양버들 아래서 재잘거리는 참새
향기 하나 훔쳐가는 별
춤추는 구름을 감상하는 개울
바람손님을 맞이하는 소나무

그림으로 그린 시 한 편을 읽다보면
밤 깊은 줄 모르는 하루는 그렇게 풍요롭고
제자리를 찾아간 은하수는
별빛으로 환희롭다.

By Drawing the Milky Way

Where is that place far away
It is the sky of yesterday
That I put a piece of hope with dream
And come running

I draw the milky way
Sprinkle it over a canvas.
Then it becomes mountain, becomes field
And becomes flowers.

Sparrows chattering under weeping willow
Bees stealing a scent
Streams appreciating dancing clouds
Pine trees greeting wind guests

As I read a poem drew by a picture,
The day with dark night becomes rich
And the Milky Way that finds its place
Becomes delighted with star lights.

빛은 꽃으로 피고

봐라, 꽃이다!
좋지 않느냐
말해 뭐하겠느냐만
빛이 곱고
색상이 너무 아름답지 않느냐
그러기에
벌은 노래하고, 나비는 춤을 추고
바람은 흥겹다 하지 않느냐

너 또한 꽃으로 피려 하지 않느냐
꽃의 이름은, 담은 향기는, 고운 모습은
어떤 빛으로 색상을 아름답게 하려느냐?
그리하여
어느 누가 노래하고
누구와 함께 춤추며
한없이 흥겨워할 것이냐?

그러기에
나는
십만억 개의 점 하나하나로 꽃을 피워
너를 행복하게 하련다.

Light Comes into Bloom

Look, it's a flower!
Isn't it good to see?
Needless to say though,
Doesn't it glow lovely,
Isn't the color so beautiful?
For that,
Bees are singing
Butterflies are dancing
The wind is in delight.

You are about bursting into bloom, too!
And so
Who will sing
Whom will dance with
In the endless joy?

For that,
I will
Bloom flowers with each tens of thousands million dots
To imparadise you.

소금꽃

너도 모르고 나도 모른다.
파도가 밀어다 놓은 바위 위
빛과 바람이 지나간 스물하고 하루
꽃이 피어 환희로울 뿐이다.

그 기도 꽃이 피면
화두 꽃이 핀 것이다
나머지는
잘 쓰는 사람 몫이다.

12월의 단상

가을 끝에 한겨울 흉내를 내려고 하니
낙엽지면 황혼도 가는 거란다
긴 여정 같지만
언제나 한방에 훅 가고
살아온 날들에 정 떼려는 아픔으로

육신은 남아 있으면서 고통을 모르고
육신을 잃은 정신은
가도 가는 길을 말하지 못하고
답답함은 살아있으나 죽으나 매일반
보느냐
듣느냐
어둠이 빛으로 오면
그 밝음에 눈부셔 눈물만 흘릴 것 같아

어른을 흉내내며 자란 아이들이
아이들 모습으로 남아있고
그 때의 기억들이
깜박거리는 이정표가 되어
오늘을 걸어간다.

소원 하나 있어

세상에서 가장 아름다운 미소를 지니신 부처님을 조성하고
헐벗고 굶주리고 가난으로 고통 받는 모든 중생들을
자비로 구원하여 주시기를 날마다 발원하니

지장보살 지옥 중생이 다하길 바라시고
법장 비구 사십팔원을 세우시니
아니하신 분 없다 하리라

부처님은
헐벗고 굶주리고 가난으로 고통 받는 모든 중생들을
날마다 자비로 구원하여 주시는데
날마다 구원 받은 어리석은 중생들이 제 복으로 알아
방임으로 이전의 습을 버리지 못하고 악업을 짓다가
날마다 다시금 나락으로 떨어지니 끝없다.

어느 통곡의 소리가 지장보살의 눈물만 하고
황홀하게 피는 꽃인들 아미타불의 근심만 할 거나.

부처님은 알고 계시네

부처님은 모두 알고 계시네.
우리가 무엇을 하고 있는지
이와 같이 바라보시고
이와 같이 믿으시며
이와 같이 알게 하시니
아뇩다라삼먁삼보리라 하네

이 약속 하나로 다음 생에까지

우리 오늘 여기 모여 축하드릴 수 있는 것은
지난 억겁에 지은 작은 선근 공덕들이
눈송이처럼 쌓여 만나게 된 것인 줄을
세상에서 제일가는 부처님 법으로 알았습니다.

우리 모다 여기에서 헤어지면
어느 무진 생을 돌아 스쳐 지나가는 인연이라 할지라도
다시 만날 수 있을지는
이 생이 끝인 줄 아는 이의 계획 속에는 없을 것입니다.

거북이 털 같은 부유함이나
달팽이 촉수 같은 사랑으로
토끼 뿔 같은 명예를 구하거나
허공에 울리는 꿈속 메아리 같은 이야기는 아니 하렵니다.

금생에
부처님의 가르침을 알아
기도와 환희로 좀 더 닮아가려 하기에
더 아프고 많이 힘 드는 일이 생길 것이지만

그 일로 미워하지 않으려 합니다

후회와 원망으로 괴로워하지 않으려 합니다
낙심으로 지치는 일이 없게 하고자 합니다
다시 만날 인연이라 생각 하려합니다.

이 약속 하나로
다음 생에 다시 만나면
모두가 좀 더 크고 원만한 지혜와 자비로
함께할 수 있었으면 합니다.

부처님 오신 날에 등을 밝히고

2555년 5월 부처님 오신 날
아가타보원사에는
매화 생강나무꽃 산수유꽃
개나리 진달래 복사꽃
벚꽃 목련 앵두꽃 제비꽃
수선화 금낭화까지 함께 피었습니다
모습 그대로가
부처님 전에 밝히는 등불입니다.

피는 꽃 하나하나가
고결하고 매혹적이며
영원불변한 희망과 절제 속
사랑의 노예가 되고
정신적 아름다움에
숭고하면서도 수줍음과 겸양으로
자존심을 갖춘 제 몸의 향기로 당신을 따르는
부처님 전에 사르는 일주향이 됩니다.

가난하나 사랑으로 태어났으며
병들었으나 행복 가득 담은 희망이 있고

아버님을 찾아뵙고
부처님 법 안에서 영원히 함께하겠습니다.
당신이 아미타불이십니다.

나무아미타불, 나무아미타불, 나무아미타불

봉축발원문

억겁의 인행과 대 원력으로
오탁악세인 사바에 응화신으로 나투신 부처님
저희들은 오늘 몸과 마음을 맑고 깨끗이 하여 등불을 밝히고
크신 지혜와 자비의 가르침에 귀의합니다.

저희들이 어리석어 스스로의 존귀함을 알지 못하고
모르는 결에 다겁 생을 악업의 어둠에서 헤매다가
어느 생에 아주 조그마한 선근 공덕 인연으로
이 세상에서 부처님 법을 만나
이제야 진리를 향한 작은 걸음을 걷고자 합니다.

쌓아온 업이 너무나 두텁고 걸어온 길이 참으로 낯설어
우리에게도 부처님의 성품이 있는 줄을 알지 못하고 믿지도 못했으나,
오늘에야 부처님 법을 만나
스스로를 돌아보고 환희로움 그대로 그 법을 향하게 합니다.

불퇴전의 신심으로 발원하옵니다.
불성을 망각하고 나와 남을 구별하는 사상四想으로
시기와 질투 원망과 분노를 만들지 않겠습니다.
바깥 경계에 집착하여 성내고 탐내는 어리석은 행동을 하지 않겠습니다.

항상 변화하는 일상의 무상함을 알아 애착으로 지은 억겁의 육도 윤회하는 업을 벗어나게 정진하겠습니다.

서원하는 우리들이
오늘의 기도로 발원하고 행원하고자함에 고통과 절망이 따를 적에는 지난 과거의 무시이래로 지어온 악업이 녹아지는 변화로 알게 하시고 기쁨과 행복이 이를 적에는 부처님의 감응임을 알게 하여 주십시오.

부처님의 감응으로
몸과 마음이 환희로움으로, 이웃의 외롭고 고독한 이를 대하거나 지난 옛적 무명의 업식으로 아직 부처님 법을 알지 못하는 이를 만나면, 부처님이 주신 지혜와 자비를 빌려 쓸 수 있는 다함이 없는 용기와 힘을 주시여, 야비하지 않고 진실하며, 비굴하지 않고 정직하게 대할 수 있도록 하여 주십시오.
대자대비하신 부처님!
오늘 같이 좋은 날
부처님 오신 날
이 날이
모든 중생들이 부처님으로 올 수 있는 날이며
다 함께 이와 같이 올 수 있는 날임을 알아

스스로 한없이 기뻐하게 하여 주십시오.
그리하여 이 땅의 민족에게 대 지혜의 광명을 드리옵고,
대한민국 모든 국민에게 대 자비로 감응하시어,
남북이 하나 되고 세계가 한 꽃으로 평화로우며,
대한민국 국민임을 자랑스럽게 생각하고 온 민족이 부처를 이루고
세계가 행복하고 아름다운 불국토가 되게 하겠습니다.

더없이 좋고 아름다운 날
부처님 오신 날
모두가 행복하고
모두가 편안하고
모두가 넉넉하고
모두가 환희로움으로
무량공덕을 누리소서.

나무 석가모니불
나무 석가모니불
나무 시아본사 석가모니불

아·부·지

초판 1쇄 2015년 09월 24일

지 은 이 로담 정안
발 행 인 이자승
편 집 인 김용환
펴 낸 곳 (주)조계종출판사

출판등록 제300-2007-78호(2007.04.27)
주 소 서울 종로구 우정국로 67 대한불교조계종 전법회관 2층
전 화 02-720-6107~9
팩 스 02-733-6708
홈페이지 www.jogyebook.com
구입문의 불교전문서점 02-2031-2070~3 / www.jbbook.co.kr

ISBN 979-11-5580-061-4 03810

* (주)조계종출판사의 수익금은 포교 · 교육 기금으로 활용됩니다.

값 9,800원